Wilhelm Schacht

Kritisch-philosophische Aufsätze

Wilhelm Schacht

Kritisch-philosophische Aufsätze

ISBN/EAN: 9783743416734

Hergestellt in Europa, USA, Kanada, Australien, Japan

Cover: Foto ©Thomas Meinert / pixelio.de

Manufactured and distributed by brebook publishing software (www.brebook.com)

Wilhelm Schacht

Kritisch-philosophische Aufsätze

Kritisch-philosophische Aufsätze.

I. Heft.

Herbart und Trendelenburg.

Von

Wilhelm Schacht.

Aarau,
Druck und Verlag von J. J. Christen.
1868.

Ist die Philosophie, speciell die Metaphysik, berechtigt, eine selbstständige Wissenschaft zu sein; kann man in ihr nur einen philosophischen Abschluß der physikalischen Atomenlehre erblicken, oder darf sie als veraltet und durch die Naturwissenschaften überflüssig geworden für beseitigt und abgethan erklärt werden? Mit diesen Fragen gedenken wir uns zu beschäftigen durch kritische Untersuchungen verschiedener Systeme und Begriffe und beginnen in zwangloser Weise mit Herbart und Trendelenburg. Philosophische Systeme müssen von philosophischem Standpunkt aus beurtheilt werden, unter gebührender Berücksichtigung der heutigen Naturwissenschaften. Ob der philosophische Standpunkt immer der eines bestimmten Systems sein müsse? Dies muß verneint werden.

Inwiefern es dem Verfasser gelungen, unabhängig von einer Schule, dennoch seine Betrachtungen in philosophischer Weise durchgeführt und zur Beantwortung obiger Fragen beigetragen zu haben, muß sich aus dem Folgenden ergeben.

Daß Metaphysik und Aesthetik, theoretische und praktische Philosophie, zwei heterogene Wissenschaften seien, die ganz unmöglich aus einer gemeinsamen Grundwissenschaft könnten hervorgegangen sein: dies nachgewiesen zu haben ist das große Verdienst Herbarts. Die Wissenschaft allein, welche sich auf das Begreifen des Gegebenen, der Natur, richtet und sich hiezu einer mathematischen und streng logischen oder experimentellen Methode bedienen kann, ist eine exacte Wissenschaft. Nur wenn jene Trennung der theoretischen von der praktischen Philosophie vollzogen und consequent gehalten wird, kann die Metaphysik auf den Namen einer exacten *) Wissenschaft Anspruch machen. Wenn die praktische, besonders die Religionsphilosophie, Stützen bedarf, welche sie sich selbst nicht zu geben vermag, so kann sie sich umsehen, wo sie dieselben finde. Niemals aber darf der Metaphysik Gewalt angethan werden. Der Glaube wurzelt hauptsächlich in teleologischen Betrachtungen und die Teleologie ist kein metaphysisches Princip und die Gegenstände des Glaubens sind keines ontologischen Beweises fähig. Deshalb können sie in der Metaphysik keine Stelle zur Betrachtung finden. Wir werden uns im Folgenden nur mit der theoretischen Philosophie beschäftigen.

Hauptgegenstand der Metaphysik ist das Sein, besser das Seiende, das allen Erscheinungen zu Grunde liegende Reale. Es soll nachgewiesen werden, wie die Erscheinungen auf das Reale hinweisen; aus diesem soll wiederum die Welt der Erscheinungen, Materie und Geist, abgeleitet und erklärt werden.

---

*) Das Organ der Herbartischen Schule führt den Titel: Zeitschrift für exacte Philosophie, beschäftigt sich aber fast ausschließlich mit praktischer Philosophie. Inwiefern auch letztere exact genannt werden könne, lasse ich dahin gestellt.

Letzteres in der Naturphilosophie und Psychologie. Hier muß — nach Herbarts eigenem Ausspruch — die Metaphysik sich an der sichtbaren Natur versuchen, von welcher ihre Bestätigung oder Widerlegung bevorsteht. Eine Philosophie, welche bei der Anwendung der Metaphysik auf die Erklärung der Natur nichts zu leisten vermag, oder mit den Grundsätzen der Naturwissenschaften in Widerspruch geräth, kann von Seite der letzteren auf Beachtung keinen Anspruch machen. Und es handelt sich hiebei nicht nur um allgemeine Naturbetrachtungen, Analogieen und leere Redensarten,*) sondern um mathematisch scharfe Uebereinstimmung der Begriffsbestimmungen und Deductionen mit den Erscheinungen und dem Experiment. Die Schellingisch-Hegelsche Naturphilosophie konnte nur Verwunderung erregen, ihrer Kühnheit und Nichtigkeit halber, oder gänzliche Nichtbeachtung; in Bezug auf Naturerklärung ist jede idealistische Philosophie völlig werthlos. Was die hegelische Philosophie für die Erkenntnißtheorie und Bearbeitung der Geschichte der Philosophie geleistet, soll in der Folge untersucht werden.

Uebereinstimmung mit den Resultaten der Naturwissenschaften in der Anwendung ihrer Begriffe ist die eine Forderung, welche an jede Metaphysik gestellt werden muß, richtige Ableitung ihrer Begriffe vom Boden der Erfahrung aus und widerspruchslos denkbare Bearbeitung derselben die andere. Die Metaphysik Herbarts kann wohl allein Anspruch erheben, diesen Forderungen entsprochen zu haben. Ihr gegenüber steht der vielfach, mehr aus Miß- und Unverstand, angefeindete Materialismus, eigentlich die ihm zu Grunde liegende physikalisch-mathematische Atomenlehre. Die atomistische Theorie, in ihrer Vollständigkeit, handelt von den einfachsten Elementen, ihren Wirkungen und Kräften, als deren Produkt die gesammte Welt, die gesammten materiellen und geistigen Er-

---

*) „Es trennt sich die reife Frucht von dem Baume, weil darin ein Widerspruch liegt, daß das Reife, d. h. eigentlich Selbstständige, Frucht, d. h. selbstlos, ist." Grundriß der Logik und Metaphysik von Dr. J. E. Erdmann. — Wissen wir jetzt, warum der Apfel vom Baume fällt?

scheinungen betrachtet werden. Die Metaphysik redet vom Sein, der Causalität, dem Werden und wie diese Begriffe gedacht werden müssen. Kann somit die physikalische Atomenlehre nicht ebenfalls eine Metaphysik genannt werden? Auf Form und Redeweise kommt nichts dabei an. Vielleicht auf die Art und Weise, wie man dazu gelangt, ob rein empirisch oder auf rein speculativem Wege? Dieser Unterschied ist eigentlich gar nicht vorhanden, denn die Atome als unerreichbar für die sinnliche Wahrnehmung, stellen nur eine bestimmte Weise dar, das Seiende zu denken und ohne Erfahrung ist jede Metaphysik ein Hirngespinnst.

Jeder denkende Naturforscher und Philosoph erblickt das Ziel seiner Wissenschaft, den Abschluß derselben in einer bestimmten Lehre vom Sein und Geschehen, als den letzten Ursachen alles Erscheinenden. Welchen Forderungen muß eine solche Theorie genügen, um uns völlig zu befriedigen? Gewiß nur zwei und lassen sich logisch keine andere denken. Auf der einen Seite soll diese Theorie eine mathematische Ableitung aller möglichen Erscheinungen in strengster Gesetzmäßigkeit erlauben. Können die physikalischen, chemischen, physiologischen und psychologischen Erscheinungen auf mathematisch bestimmte Gesetze zurückgeführt und erklärt werden, so ist diese Forderung erfüllt. Anderseits sollen alle Begriffe, wodurch das Sein und Geschehen gedacht werden, widerspruchslos denkbar sein, eine vollkommene Einsicht in das Denken und Erkennen ohne widersprechende Begriffe soll gewonnen werden. Eine Zurückführung der Welt der Erscheinungen auf mathematisch bestimmte Gesetze und ohne Widersprüche denkbare Begriffe des zu Grunde liegenden Seins und Geschehens. Die erste Forderung führt zur physikalischen Atomenlehre, sie ist nach dem heutigen Standpunkt der Naturwissenschaften die einzig mögliche Ansicht. Die Erfüllung der anderen Forderung führt zur Metaphysik und ist bis jetzt, wie vorhin bemerkt, einzig und allein consequent von Herbart versucht worden.

Es sind gegenwärtig zwei Theorieen von naturwissenschaftlich-philosophischem Standpunkt aus zu berücksichtigen, die vorderhand als gleichberechtigt müssen anerkannt werden: die physikalische Atomenlehre und die herbart'sche Metaphysik. Stehen diese unvereinbar einander gegenüber? Cornelius *) hat neuerdings gezeigt, daß die physikalische Atomistik sich sehr wohl nach den Principien der herbart'schen Metaphysik entwickeln läßt. Daß die Atomistik dadurch bedeutend gewonnen, ihre Begriffe widerspruchsloser und denkbarer, die Einsicht in das Verhältniß von Atom und Kraft deutlicher geworden, wird gewiß von Vielen behauptet werden. Mag man dagegen einwenden, die Begriffe der Atomistik seien durchaus widerspruchslos und denkbar; keine Nothwendigkeit sei vorhanden, die Philosophie um Hülfe anzurufen, da die Atomistik ihre Begriffe nur auf dem Wege der Erfahrung und Beobachtung, der Rechnung und des Experiments läutere und erweitere; das Beginnen der herbart'schen, wie jeder andern Metaphysik sei daher überflüssig und thöricht. Immerhin ist eine sehr bemerkenswerthe Uebereinstimmung der herbart'schen Metaphysik mit den atomistischen Grundgedanken der exacten Naturwissenschaften nachgewiesen. Inwiefern die Nothwendigkeit eines philosophischen Abschlusses der Atomenlehre vorhanden oder nicht, darauf wollen wir hier nicht näher eintreten, es genügt einstweilen auf jene Uebereinstimmung hingedeutet zu haben.

Nicht minder wichtig ist die Frage, was die Metaphysik für die Psychologie und die Erklärung des Organischen geleistet habe.

Wer die durch mathematische Behandlung der Psychologie gefundenen Resultate mit den psychischen Beobachtungen und Erfahrungen vergleicht, dem kann nicht entgehen, daß Aehnliches noch mit Hülfe keiner anderen Theorie ist erreicht worden. Die Atomistik hat noch nicht einmal einen Versuch gemacht die Rechnung auf geistigem Gebiet anzuwenden. Was die Erklärung des Organischen betrifft, so fehlt allerdings bei Herbart die mathematische Behandlung und die nur durch diese erreichbare Schärfe des Zusammentreffens von Theorie und Erfahrung. Dennoch ist letzteres bedeutend genug, um nicht übersehen zu werden, zumal auch hier noch die Atomistik uns mit

---

*) Grundzüge einer Molecularphysik von C. S. Cornelius. Halle 1866.

der Rechnung im Stiche läßt. Können wir somit nach den Leistungen der Metaphysik Herbarts in der Naturphilosophie und Psychologie uns mit derselben nur einverstanden erklären, so fragt es sich bei der Betrachtung der Metaphysik Herbarts, sind die Begriffe derselben richtig abgeleitet, gefaßt und alle widerspruchslos und denkbar durch ihre Bearbeitung geworden? Es fragt sich weiter, ist die Forderung, keinerlei Widersprüche in den Begriffen und der Behandlung derselben zu dulden, nirgends außer Auge gelassen, schleicht sich nirgends bei der weitern Benutzung der Begriffe in der Naturphilosophie und Psychologie eine unerlaubte Annahme, ein Widerspruch ein? Befinden sich somit letztere Disciplinen in strengster Uebereinstimmung mit den Forderungen und der Bearbeitung der Begriffe in der Metaphysik? Die Betrachtung der letzten Frage ist jedenfalls eine nothwendige und will ich hiezu einen Punkt herausnehmen, um denselben zu untersuchen:

Den repräsentirten Gegensatz und die historische Erinnerung der Monaden. Dieses Verhältniß spielt eine höchst wichtige Rolle in der Psychologie und Naturphilosophie. Betrachten wir zunächst Begriffliches aus der Metaphysik. —

Das Sein wird bestimmt als der Begriff des absolut Gesetzten. Die Qualität des Seienden, damit die absolute Position nicht verletzt werde, darf keinerlei Negationen oder Relationen enthalten, sie muß schlechthin einfach und allen Begriffen der Quantität unzugänglich sein. Dagegen ist es völlig erlaubt, Vieles als seiend anzunehmen. Nun ist es klar, daß mit dieser absolut einfachen Qualität des Seienden, die uns noch dazu gänzlich unbekannt, Nichts anzufangen ist. Wir wissen aber, daß Etwas geschieht, wissen es mit derselben Evidenz mit der wir wissen, daß Etwas ist. Sobald aber gefragt wird, wie es möglich sei, daß Etwas geschehen könne, verwickeln wir uns in die Widersprüche der Veränderung, Ursache und Wirkung, Thun und Leiden. Das Problem der Causalität ist das wichtigste und schwierigste der Metaphysik, an ihm scheiterten alle philosophischen Systeme und muß es als der wahre Prüfstein jeder Metaphysik betrachtet werden. Das

Seiende darf im wirklichen Geschehen in keiner Weise sich entfremden, es kann weder von sich abweichen, noch sich äußern, noch erscheinen. Hier nimmt nun Herbart seine Zuflucht zu der Annahme der zufälligen Ansichten von den einfachen Qualitäten. Die einfache Qualität eines realen Wesens soll sich nämlich in zufällige Ansichten zerlegen lassen, ganz in der Weise, wie in der Mechanik eine Kraft in ihre Seitenkräfte oder Componenten zerlegt wird. Was in der Mechanik damit geleistet wird, ist bekannt. Diese Annahme ist allerdings eine Hypothese, allein eine völlig erlaubte, da sie nichts enthält was sich widerspräche. Es kommt somit nur darauf an, was sich durch dieselbe erreichen läßt. Die Qualitäten der realen Wesen, absolut einfach und völlig unabhängig von einander, werden nur zugänglich für einander durch die zufälligen Ansichten. Wenn nämlich die zufälligen Ansichten zweier realer Wesen sich verhalten wie zwei direkt einander entgegengesetzt wirkende Seitenkräfte, so sollte daraus eine Störung der Qualität entstehen. Allein das ist unmöglich, da die Qualität weder verändert noch irgendwie afficirt werden kann. Das Verhältniß, worin die beiden realen Wesen sich befinden, ist jedoch ein Bestehen wider eine Negation, d. h. jedes der beiden erhält sich selbst als das, was es ist. In diesen Selbsterhaltungen nun besteht das wirkliche Geschehen. Vorausgesetzt ist natürlich, daß zwei reale Wesen zusammen seien, um gegenseitig eine Selbsterhaltung hervorzurufen, denn wären sie nicht zusammen, so fiele jeder Grund eines Geschehens weg, da jedes gänzlich unabhängig von dem andern ist.

Zur Erweiterung der Begriffe bedient sich Herbart der Annahme des unvollkommenen Zusammens. Diese beruht auf einer Fiction, die jedoch vollkommen zulässig ist und worauf wir hier nicht weiter einzugehen nöthig haben. Gesetzt nun, zwei reale Wesen befänden sich im unvollkommenen Zusammen, so muß diesem Zusammen die Selbsterhaltung entsprechen, da letztere aber überall das Zusammen fordert, so müssen sie ins vollkommene Zusammen übergehen. Wäre aber eine Monade mit mehreren andern von gleicher Qualität zusammen, gegen welche jede einzelne sie sich in voller Selbsterhaltung befinden sollte, so ist dies nicht möglich, sie müssen also in das unvollkommene Zusammen übergehen, damit wieder das Zusammen und die Selbsterhaltung sich entsprechen könne. Dieses ist nun der Grund der scheinbaren Kräfte der Attraction und Repulsion und des Ursprungs der Materie, wie es in der Synechologie Herbarts entwickelt ist. In dem synthetischen Theil der Naturphilosophie werden nun die Fälle näher untersucht, was geschehen müsse, wenn mehrere Monaden, von verschiedener Qualität und verschiedenen Graden des Gegensatzes zusammen sind. Es seien 2 Monaden B von gleicher Qualität mit einer dritten A zusammen, gegen welche sie sich in vollem Gegensatze befinden. Nun muß jede B sich gegen A selbsterhalten. Allein jede B ist nicht nur mit A, sondern auch mit der andern B zusammen, welche eben im Zustande der Selbsterhaltung gegen A sich befindet. Diese Selbsterhaltung gegen A repräsentirt nun dem andern B ebenfalls eine Monade von der Qualität der A. Was uns zunächst dabei interessirt ist das Verhältniß, daß eine Monade durch ihre Selbsterhaltung gegen eine Andere, einer dritten eben diese letztere repräsentiren kann und dieses nennen wir den repräsentirten Gegensatz.

Von diesem Verhältniß macht Herbart einen vielfältigen Gebrauch. Namentlich wird dadurch eine scheinbare Wirkung in die Ferne erklärt. Sind nämlich mehrere Monaden B so aneinander gereiht, wie etwa eine Perlenschnur, von denen die erste mit der Monade A zusammen ist, so wird die erste durch ihre Selbsterhaltung gegen A eben diese der folgenden repräsentiren und in dieser wieder eine Selbsterhaltung gegen A hervorrufen und so fort bis zur letzten Monade in der Reihe. Diese übertragene Wirkung in die Ferne würde jedoch sofort verschwinden, wenn irgend eine Lücke in der Reihe wäre und folglich die Vermittlung aufhörte. Natürlich, denn die Selbsterhaltung einer Monade ist nur durch die Störung bedingt, welche durch das Zusammen mit einer andern entgegengesetzten entstehen sollte. Ist kein Zusammen da, so fällt jede Ursache dazu weg und kann Nichts geschehen. Dieses halte man fest.

Die Hypothese der zufälligen Ansichten und des unvollkommenen Zusammens nebst den daraus sich ergebenden Folgerungen, sind bis hierher völlig erlaubt, denn es kommen keinerlei Widersprüche dabei zum Vorschein. Auch werden die Erscheinungen der rohen Materie, wie sie sich in der unorganischen Natur zeigt, daraus abgeleitet, Vieles mit Glück, was sich nicht bestreiten läßt. Nun soll aber auch die Möglichkeit der Bildsamkeit der Materie, die Anfänge organischer Vorgänge, der Assimilation, Irritabilität und Sensibilität nachgewiesen werden. Wie ist eine höhere Bildung der Materie bis zur Erzeugung organisirter Wesen möglich? Zur Lösung dieser Frage liegt es nahe, die Analogie mit psychologischen Vorgängen und geistiger Ausbildung zu benutzen. Wir kennen, nach dem Vorausgeschickten, kein anderes Princip der Causalität, als das Zusammen der realen Wesen und die daraus entstehenden Selbsterhaltungen derselben, woraus die mechanischen und geistigen Erscheinungen sich müssen ableiten lassen. Allein die Vorgänge in der organischen Natur müssen deshalb größere Verwandtschaft zu den psychologischen Vorgängen haben, da sie beide sich von den unorganischen durch das, was wir Leben nennen, unterscheiden.

Für Herbart lag es eines vielleicht zufälligen Umstandes halber um so näher, hier an Psychologie zu erinnern, als die letztere früher erschien als seine naturphilosophischen Untersuchungen. Er sagt deshalb im § 376 seiner Metaphysik „— es mag eine Hyperbel sein, wenn wir sagen: jedes Element erinnere sich seiner frühern Geschichte und suche sie von neuem sich zu wiederholen, dennoch können wir keinen kürzeren und passenderen Ausdruck finden für das, was wir sagen wollen." Dieses Verhältniß, das wir als die **historische Erinnerung** der Monaden bezeichnen wollen, müssen wir jetzt näher untersuchen. Es müßte vielleicht am Ort erscheinen, zuerst in der Psychologie die Berechtigung zu untersuchen, ein solches Verhältniß annehmen zu dürfen. Allein das, was wir nachweisen wollen, ergibt sich klarer und schärfer aus der Naturphilophie, indem hier von Herbart ganz deutlich und klar das entwickelt ist, was als ein Widerspruch bezeichnet werden muß. Derselbe Widerspruch hat in der Psychologie erst verhüllt und in anderer Form die Möglichkeit veranlaßt, ein solches Verhältniß aufzustellen. In § 344 wird nämlich die Annahme gemacht, daß zwei gleichartige Monaden sich in einerlei Zustand der Selbsterhaltung wider eine entgegengesetzte befänden, von der sie gleichwohl jetzt getrennt wären. Man könnte hier zweifeln, ob nicht an eine Uebertragung des Gegensatzes durch Vermittlung, wie oben auseinandergesetzt, zu denken sei. Allein die weitere Benutzung dieser Annahme und der daraus sich ergebenden Folgerungen, wie sie sich in den §§ 364, 366 und andern findet, zeigt deutlich den Sinn, den Herbart damit verbindet. Eine Monade soll in dem Zustand der Selbsterhaltung wider eine andere verharren können, nachdem das Zusammen aufgehoben ist! Ein kleiner Schritt führt von dieser Annahme zu dem eben als die historische Erinnerung der Monaden bezeichneten Verhältniß.

Wir haben oben gesehen, daß jede Selbsterhaltung das ihr entsprechende Zusammen fordert und dieser Forderung Genüge geleistet wird, indem die Monaden aus dem unvollkommenen Zusammen in das vollkommene, oder umgekehrt, übergehen. Bedingung, daß eine Selbsterhaltung entsteht, daß etwas geschieht, jeder Causalität also, ist aber das Zusammen. Die Qualität des Seienden darf dabei durchaus nicht sich entfremden, von sich abweichen oder sich äußern. Denken wir uns nun eine Monade in dem Zustand der Selbsterhaltung wider eine andere, von der sie gleichwohl jetzt getrennt ist, so befindet sie sich in einem unbefriedigten Zustand. Sie fordert ein Zusammen und dieser Forderung kann in keinerlei Weise Genüge geleistet werden, da sie keine Macht hat ein Zusammen mit einer andern, die gänzlich unabhängig von ihr ist, hervorzurufen. Sie befindet sich dauernd in einem Gegensatz wider eine andere, mit der sie nicht zusammen ist, welcher Gegensatz nur durch das Zusammen und während desselben etwas bedeuten kann. Ihre Qualität, schlechthin einfach und nur durch das Zusammen mit einer andern in zufällige Ansichten zerlegbar, hat etwas Fremdes in sich aufgenommen: eben jenen Gegensatz, gegen den sich die Monade selbsterhalten muß.

Zunächst ist durch diese Annahme die absolute Position verletzt: die Monade bedarf einer andern um gedacht zu werden, denn sie befindet sich im Gegensatz gegen diese. Die schlechthin einfache Qualität ist ein Mannigfaltiges geworden, denn sie genügt sich nicht mehr, sie befindet sich im Zustand des Strebens, sie ist sich entfremdet. Die Causalität, welche nur in der Selbsterhaltung im Zusammen besteht, hat die Qualität wirklich afficirt und verändert, sie stellt sich als eine vis transiens dar.

Schließlich verstößt diese Annahme gegen die ausdrückliche Versicherung Herbarts, daß jede Wirkung in die Ferne durch den repräsentirten Gegensatz verschwinde, sobald die Vermittlung aufhöre — und dennoch soll ein Monade, losgelöst von der oben beschriebenen Reihe, den Gegensatz einer andern repräsentiren können! Härter kann ein Widerspruch nicht zu Tage treten, als der eben nachgewiesene.

Die Annahme der historischen Erinnerung der Monaden ist sehr verführerisch. Sie erklärt die Bildsamkeit der Materie, die Entstehung des Organischen aufs Schönste und könnte als die beste philosophische Stütze der Darwin'schen Theorie benutzt werden.

Gegen die Widersprüche der Erfahrungsbegriffe stemmt sich mit aller Macht die Metaphysik Herbarts. Sollte man jene durch eine Hinterthüre wieder zulassen, weil man sich in einer Verlegenheit befindet? Die Forderung, alle Begriffe, die sich auf das Sein und das wirkliche Geschehen, die wahre Causalität, beziehen, ohne Widersprüche zu denken, muß aufrecht erhalten und jede Zulassung eines solchen entschieden abgewiesen werden. Freilich kommen wir ohne die obige Annahme in der Naturphilosophie keinen Schritt von der Stelle, allein wer nur Resultate will, mag sich die bequemere Anwendung der Erfahrungsbegriffe in den Naturwissenschaften gefallen lassen.

Mit dem Voranstehenden glaube ich nachgewiesen zu haben, daß die Naturphilosophie Herbarts mit dessen Metaphysik nicht in dem begrifflich strengen Zusammenhang steht, der gefordert werden muß, wenigstens von da an, wo sie sich in die angegebenen Widersprüche verwickelt. Wenden wir uns nun zu der Psychologie Herbarts.

Auf den Begriff des Ich's, die Widersprüche in demselben und die Auflösung, welche dieses Problem erfährt, wollen wir hier nicht näher eintreten. Für unsern Zweck genügt es, einige Blicke auf den wichtigsten Theil der Psychologie, die Grundlinien der Statik und Mechanik des Geistes, zu werfen. Zunächst müssen wir die Erweiterungen betrachten, welche die oben aus der Metaphysik angeführten Begriffe des wirklichen Geschehens und der Selbsterhaltungen erfahren, um als Grundlage für die mathematische Bearbeitung dienen zu können. „Das vorstellende Subject ist eine einfache Substanz (ein reales Wesen, Monade), und führt mit Recht den Namen Seele. Die Vorstellungen enthalten nichts von außen Aufgenommenes; jedoch werden sie nicht von selbst, sondern unter äußeren Bedingungen erzeugt, und eben so wohl von diesen, als von der Natur der Seele selbst, ihrer Qualität nach bestimmt. Die Seele ist demnach nicht ursprünglich eine vorstellende Kraft, sondern sie wird es unter Umständen. Vollends die Vorstellungen, einzeln genommen, sind keineswegs Kräfte, aber sie werden es vermöge ihres Gegensatzes unter einander." *) Die Vorstellungen sind nichts Anderes als die Selbsterhaltungen der Seelenmonade. So gut wir oben gesehen haben, wie die Selbsterhaltungen die Ursache der scheinbaren Kräfte der Attraction und Repulsion wurden, so kann es uns auch hier nicht im mindesten auffallen, wenn dieselben als Vorstellungen, zu Kräften werden. Als solche können sie aber unbestreitbar einer mathematischen Untersuchung unterworfen werden. —

In der Naturphilosophie interessiren uns die äußeren Folgen, welche sich aus dem Zusammen von mehreren Monaden verschiedener Qualität ergeben; alle darin verwickelten Monaden müssen dabei betrachtet werden. In der Psychologie interessirt uns nur das, was sich ergibt, wenn mehrere Selbsterhaltungen in einer Monade hervorgerufen werden, und die Folgen

---

*) Psychologie als Wissenschaft. § 31.

derselben, sofern sie als innerer Zustand dieser Monade betrachtet werden. Die Monaden, welche diese Selbsterhaltungen hervorgerufen haben, kümmern uns nicht weiter. Man kann es, und wohl nicht ganz mit Unrecht, der Atomistik als einen Fehler vorwerfen, daß sich die Atome nur von Seite ihres rein extensiven Thuns betrachten lassen und die Möglichkeit, wie aus diesem ein rein intensives sich ableiten lasse, wie wir es in den geistigen Funktionen sehen, unerklärt bleibt. Die herbartschen Monaden gestatten dagegen die Betrachtung sowohl der äußeren, extensiven Folgen des Geschehens in der Erscheinung der Materie, als auch die rein inneren, intensiven, in den psychologischen Vorgängen, und mit Hülfe den letzteren analoger Vorgänge erscheint als Verbindungsglied der rohen Materie und des Geistes die organische Natur. Ein außerordentliches Resultat der Hypothese vom wirklichen Geschehen, wäre nur der Widerspruch in der historischen Erinnerung nicht. Jedenfalls hat keine andere Philosophie — übersehe man auch Irrthümer derselben — nur entfernt Aehnliches geleistet.

Vorstellungen sind Selbsterhaltungen. Sind mehrere Vorstellungen gleichzeitig vorhanden, so können mehrere in solchem Gegensatz zu einander stehen, daß eine von ihnen nur dann in voller Klarheit bestehen könnte, wenn eine oder mehrere entgegengesetzte gänzlich gehemmt würden. Alsdann wirken die Vorstellungen gegen einander und sind offenbar Kräfte, insofern jede der Hemmung durch die andere widersteht. Sind nur zwei entgegengesetzte Vorstellungen vorhanden, so kann keine von ihnen, wie sich aus der Rechnung ergibt, die andere gänzlich hemmen und so aus dem Bewußtsein verdrängen. Wohl aber schwächen sie sich beide ab. Unter mehreren entgegengesetzten von verschiedener Stärke kann es dagegen geschehen, daß eine oder mehrere der schwächeren Vorstellungen gänzlich gehemmt werden und somit ihr Vorgestelltes völlig erlischt. Die Erfahrung kommt uns hierbei zu Hülfe, denn sie lehrt uns, daß wir gleichzeitig nur wenige Vorstellungen haben können, sie verdunkeln sich und schwinden. Aber sie kehren auch wieder zurück. Ueber den Zustand, in dem sie sich befinden, sofern sie aus dem Bewußtsein verschwinden oder ganz verschwunden sind, kann jedoch die Erfahrung nichts aussagen. Die Speculation mit Hülfe des Vorangegangenen vermag uns dagegen hierüber aufzuklären. Während eine Vorstellung gehemmt wird, beharrt die Thätigkeit der Seelenmonade unvermindert in der Selbsterhaltung fort und die gehemmte Vorstellung verwandelt sich in ein Streben vorzustellen, indem eine Thätigkeit, die fortdauert, während ihr Effekt, den sie hervorbringen würde, durch etwas Fremdes zurückgehalten wird, mit dem Namen eines Strebens bezeichnet werden kann. Wenn sich nun die aus dem Bewußtsein weichenden Vorstellungen in ein Streben vorzustellen verwandeln und als solches Streben unvermindert fortdauern — ohne jedoch irgend einen Einfluß auf die Klarheitszustände der im Augenblick im Bewußtsein befindlichen Vorstellungen auszuüben — so muß ihr Vorgestelltes wiederkehren, sobald die Hindernisse, von denen sie verdrängt wurden, verschwunden sind. Die Grenze nun, welche eine Vorstellung zu überschreiten scheint, indem sie aus dem Bewußtsein gänzlich verschwindet, oder indem sie aus dem völlig gehemmten Zustand zu einem Grade des wirklichen Vorstellens übergeht, nennt Herbart die Schwelle des Bewußtseins. Auf der Schwelle ist eine Vorstellung, wenn sie nur noch vermag einen unendlich geringen Grad des wirklichen Vorstellens zu behaupten; unter der Schwelle, wenn es ihr an Kraft fehlt, jene Bedingungen zu erfüllen. Der Zustand in dem sie sich alsdann befindet, ist zwar immer der der vollständigen Hemmung; dennoch kann sie mehr oder weniger weit unter der Schwelle sein, je nachdem ihr mehr oder weniger Stärke fehlt und noch zugesetzt werden müßte, um die Schwelle zu erreichen. Hier finden wir den Anfang des Verhältnisses, welches wir oben als die historische Erinnerung der Monaden bezeichnet haben.

Für die Psychologie ist dieses durchaus nothwendig und von außerordentlichem Vortheil, indem zunächst dadurch die Thatsache des Gedächtnisses erklärt wird. — Unverbunden können die Vorstellungen jedoch nicht im Bewußtsein verweilen, wegen der strengen Einheit der Seele und weil sie alle in einem Vorstellenden als Thätigkeit beisammen sind. Sie müssen deshalb ein intensives Thun ausmachen, d. h. die entgegengesetzten und je nach ihrer Stärke gehemmten verschmelzen mit einander, die nicht entgegengesetzten verbinden sich mit einander und bilden Complexionen. Werden diese zusammengesetzten Vorstellungen gänzlich gehemmt, so müssen sie auch später, wenn sie wiederkehren, vereinigt auftauchen und dies bildet den Grund der Ideenassociationen. Die mathematische Behandlung hat nun, in der Statik des Geistes, die Aufgabe, die Gleichgewichtsbedingungen der Vorstellungen, Complexionen und Verschmelzungen zu untersuchen. Wichtiger und verwickelter als die Bedingungen des Gleichgewichts, sind die Bewegungsgesetze der Vorstellungen, welche in der Mechanik des Geistes untersucht werden. Es ergibt sich dabei sogleich, — was man auch nicht anders erwarten konnte — daß das Gleichgewicht unter mehreren gleichzeitigen Vorstellungen, erst nach unendlich langer Zeit eintreten kann, bei der Masse der neu hinzukommenden und wiederkehrenden Vorstellungen nie annähernd erreicht wird. Die Zeit dagegen, inner welcher je die schwächeren Vorstellungen, welche sich nicht im Bewußtsein erhalten können, gänzlich gehemmt werden, ist immer nur eine sehr kurze.

Auf das Einzelne dieser verwickelten Vorgänge, bis zur Reihenbildung der Vorstellungen und den Gesetzen ihrer Reproduktion, können wir hier nicht eintreten. Nur einen, für uns wichtigen Punkt, führe ich noch an. Wenn zwei Vorstellungen nahezu im Gleichgewicht sich befinden und eine dritte kommt plötzlich oder in sehr kurzer Zeit hinzu, so muß diese bei einer gewissen Stärke der erstern gänzlich gehemmt werden. Ehe dieses jedoch erreicht wird, kann die schwächere der beiden ersten Vorstellungen auf die Schwelle, sogar eine Zeit lang unter dieselbe herabgedrückt werden, bis sie sich wieder erhebt und in Verbindung mit der stärkeren die neu hinzugekommene dritte gänzlich hemmt. Dieses zeigt am deutlichsten und einfachsten, wenn es noch nöthig wäre, daß eine Vorstellung sich nicht nur in ein bloßes Streben verwandelt und als solches fortdauert, wenn dieselbe sich auf der Schwelle, sondern auch wenn die Vorstellung gänzlich gehemmt ist und sich unter der Schwelle, nach der oben angeführten Erklärung dieser Ausdrücke, befindet. —

Das Bild der psychischen Erscheinungen, wie es aus diesem Processe der Selbsterhaltungen und Hemmungen der Vorstellungen hervorgeht, ist in der That ein überraschendes. Ohne Hülfe von angeborenen Ideen oder besonderen Vermögen, von einem ursprünglichen Mannigfaltigen in der Seele oder einer besonderen Kraft Sich vorzustellen, ohne Triebe oder Keime und was sonst für widersprechende und undenkbare Begriffe, sehen wir die gesammte geistige Entwicklung und Ausbildung bis zum Emportauchen des Selbstbewußtseins nur aus der gegenseitigen Einwirkung der Vorstellungen aufeinander hervorgehen. Schon aus der Betrachtung der einfacheren Verhältnisse ergibt sich die Erklärung des Gedächtnisses, der Contrastempfindungen, der Affecte. Weiter aus der Bildung der Vorstellungsreihen, ihrer Reproduktion und den Gesetzen, wonach dieselben ablaufen im Gedächtniß, ihren Verwebungen und Verbindungen: die Möglichkeit der höheren geistigen Ausbildung, das Gebiet der Associationen, die Formen der Erfahrung. Schließlich kommen wir aus dem sich gegenseitig verdrängenden und aufhebenden Vorgestellten zu uns selbst, zum Selbstbewußtsein. Die unbefangene Prüfung dieser Ergebnisse und der Vergleich mit der Erfahrung muß es gewiß rechtfertigen, wenn Drobisch es eine große Entdeckung Herbarts nennt: daß die geistigen Zustände einer zusammenhängenden mathematischen Untersuchung zugänglich sind. Diese Thatsache steht jedenfalls fest.

Der wichtigste Satz, auf dem beinahe die ganz Möglichkeit der herbartischen Psychologie beruht, ist der, daß die Vorstellungen, sobald sie gehemmt werden, sich in ein Streben vorzustellen verwandeln. Von diesem Satze hängt zunächst das Wiederkehren der Vorstellungen, und Alles was auf dieses gebaut ist, ab. Sind zwei Vorstellungen im Bewußtsein, welche nicht gleichzeitig wegen ihres Gegensatzes in voller Klarheit bestehen können, so hemmen sie sich theilweise. Diesen Vorstellungen oder Selbsterhaltungen der Seelenmonade entspricht nun ein unvollkommenes Zusammen mit zwei andern Monaden, denn nur durch diese können Selbsterhaltungen in jener hervorgerufen werden, und dem Grad der Selbsterhaltung muß immer das Zusammen entsprechen. Dieses Zusammen darf auch in der Psychologie nicht ganz außer Auge gelassen werden, wenn man nicht Gefahr laufen will, sich in Unmöglichkeiten zu verlieren. Sofern nun während der Hemmung einer Vorstellung, immer die Forderung bestehen bleibt, daß diese Selbsterhaltung voll werde und ihr alsdann ein vollkommenes Zusammenhalten entspreche, sobald die entgegengesetzte Vorstellung verschwunden wäre: insofern ist es richtig, daß eine Vorstellung sich in ein Streben vorzustellen verwandelt. Dieses gilt für eine Vorstellung während der Hemmung, bis sie auf der Schwelle des Bewußtseins angekommen ist. Sobald sie aber unter die Schwelle sinkt, entspricht der gänzlichen Hemmung der Selbsterhaltung kein Zusammen mehr, jedes Zusammen hört auf und was soll dann noch das Streben bedeuten?

Man könnte, um den Widersprüchen auszuweichen, annehmen, daß die Selbsterhaltungen immer nur gerade auf der Schwelle des Bewußtseins blieben und dann das ihnen entsprechende unendlich geringe Zusammen wohl bestehen könnte. Allein man bemerke, daß die Rechnung nicht nur von Vorstellungen auf der Schwelle redet, sondern genau bestimmt wie weit sie unter der Schwelle sich befinden, d. h. wie viel des Entgegengesetzten erst müsse gehemmt werden, bis sie nur wieder auf der Schwelle erscheinen können. Wenn schon gesagt wird, daß einer Vorstellung mehr nicht geschehen könne als gänzliche Hemmung, so kann doch dieser auch nicht das geringste Zusammen entsprechen. Man bedenke ferner, welch ungeheurer Zwang entstehen müßte, wenn so viele Monaden zusammen wären und der diesem Zusammen entsprechende innere Zustand, die geforderten Selbsterhaltungen, könnten in keiner Weise so bestehen wie es nothwendig ist. Oder gar nach den gänzlich aufgehobenen Selbsterhaltungen könnte der einzig entsprechende äußere Zustand sich nicht richten: das völlig aufgehobene Zusammen! Diese Annahme ist unmöglich und widerspricht der

Forderung direkt: daß sich immer die Selbsterhaltung richten müsse nach dem Zusammen, oder das Zusammen nach der Selbsterhaltung.*)

Entspräche aber der gänzlichen Hemmung das völlige nicht Zusammen, so hört auch das Streben der Selbsterhaltung, sich wieder herzustellen auf: denn es ist kein Causalverhältniß mehr vorhanden. Und weil letzteres mit der gänzlichen Hemmung aufgehoben ist, so könnte auch der Forderung der wiedererwachenden Selbsterhaltung nach dem ihr entsprechenden Zusammen, in keiner Weise mehr Genüge geschehen. Mit dem Streben vorzustellen hört auch die Möglichkeit des Wiedererwachens der Vorstellungen auf. Denn nur dadurch soll das früher Vorgestellte und jetzt gänzlich Gehemmte wiederkehren, daß das entgegenstehende Hinderniß verschwindet: also nur aus der Ursache des sich verändernden inneren Zustandes der Selbsterhaltungen der Seelenmonade, und nicht durch eine äußere Bedingung, welche die erste Erzeugung der Vorstellung bewirkte und zufällig auch ein zweites Zusammen hervorbringen könnte. Damit fällt auch die Möglichkeit der geistigen Ausbildung weg und die Grundlage der herbartischen Psychologie scheint erschüttert.

Fassen wir die sich ergebenden Widersprüche kurz zusammen, wenn man ein bei gänzlicher Hemmung fortdauerndes Streben annimmt: so wird entweder ein Zusammen gesetzt, ohne daß diesem eine Selbsterhaltung entspräche — eine unmögliche Annahme. Oder das Zusammen entspricht der gänzlich gehemmten Selbsterhaltung und geht ins nicht Zusammen über: dann ist das fortdauernde Streben Nichts als die oben besprochene historische Erinnerung der Monaden und verfällt man in alle die bei dieser Besprechung aufgewiesenen Widersprüche. Die in ein Streben verwandelte Selbsterhaltung ist bei gänzlicher Hemmung der letzteren eine dauernde Veränderung der einfachen Qualität der Seelenmonade, indem hier eine Thätigkeit erscheint, ohne die Bedingung jeder bestehenden Causalität: ohne ein Zusammen.

---

*) Herbarts Metaphysik § 269.

Was wir eben über die Nothwendigkeit sagten, daß der innere und äußere Zustand sich immer entsprechen müsse, wird von Herbart selbst bestätigt. Im § 154 seiner Psychologie heißt es, daß die Seele wahrscheinlich keine feste Stelle im Gehirn besäße, sondern möglicherweise ihren Aufenthalt in einer Gegend desselben hätte, worin sie sich bewege, aber nicht willkürlich, sondern gemäß ihrer inneren Zustände, verbunden mit denen des Gehirns, wegen der überall vorhandenen Nothwendigkeit, daß der äußere und innere Zustand gehörig übereinstimme. Es ist merkwürdig, daß diese Bemerkung ganz hinten, gewissermaßen in einem Winkel der Psychologie erst gemacht wird! Wollte man mit dieser Theorie wirklich Ernst machen, um den Widersprüchen der historischen Erinnerung, des fortdauernden Strebens der gänzlich gehemmten Vorstellungen, zu entgehen, so würde zunächst die mathematische Behandlung der Bewegungsgesetze der Vorstellungen wesentliche Veränderungen erleiden müssen. Außerdem würden viele Bemerkungen Herbarts über die Seele, z. B. das ganze sechste Kapitel seines Lehrbuchs der Psychologie, dahinfallen. Denn nicht die Seelenmonade allein, sondern die ganze von dieser bewohnte Gegend des Gehirns, würde dann die Seele darstellen, und dies entspricht auch viel mehr den physiologisch-anatomischen Anschauungen.

Gegen die Annahme eines besonderen Seelenwesens ist auch von anderer Seite Einsprache erhoben worden, von Noak,*) in dessen „Philosophie der Romantik." Allein Noak's Gründe dagegen sind durchaus von den unsrigen verschieden, da auch sein Standpunkt ein ganz anderer ist. Noak hält es für einen Rückfall von Kants Principien, daß trotz dessen Warnung, das Ich ja nicht für ein reales Wesen zu nehmen, Herbart dennoch als Träger der im Ichgedanken zusammengefaßten Vorstellungen eine Seelenmonade annähme. Dieser Rückfall sei um so unbegreiflicher, als sich in Herbarts Metaphysik nicht die geringste Nöthigung dazu fände, im Leibe als einem Zusammen von vielen einfachen Wesen ein einzelnes solches für

---

*) Schelling und die Philosophie der Romantik, von L. Noak. Berlin 1859.

sich als Seelenwesen herauszuheben. Ob die herbart'sche Philosophie ein Rückfall von Kant, oder vielmehr ein Fortschritt ist, darüber will ich hier nicht reden. Uebrigens hat auch Herbart durchaus nicht das Ich, oder das Vorstellen als solches für eine einfache Substanz genommen. Wohl aber ist allerdings die Nöthigung, eine Monade als Seelenmonade zu nehmen, in seiner Metaphysik und in der, von Noak selbst meisterhaft genannten, Analyse der Ichvorstellung enthalten. Denn das Ich kann nur zu Stande kommen durch das gegenseitige Aufheben mannigfaltiger Vorstellungen. Sofern nun die Vorstellungen Selbsterhaltungen sind und Nichts Anderes sein können, kann auch das gegenseitige Widereinanderwirken und Aufheben derselben nur in einer Monade geschehen und zwar in einer und derselben, weil sonst das Aufheben verschiedener Vorstellungen in verschiedenen Monaden für einander gänzlich zufällig wäre und niemals ein Resultat dabei herauskommen könnte, welches die entfernteste Aehnlichkeit mit der Ichheit hätte. Diese Seelenmonade ist auch weit entfernt, die Seele oder der Geist, das Ich, zu sein, indem sie es ja nur im Zusammen mit andern darstellen kann. Ich habe gegen die Annahme einer Seelenmonade, vom Standpunkte der herbart'schen Metaphysik, deßhalb Einsprache gethan, weil das Zusammen mit den andern Monaden, die einzige Bedingung jeder Causalität, nicht gehörig erwogen ist, und deßhalb aus der, auf die Seelenmonade fallenden Last, den ganzen psychologischen Prozeß sozusagen allein zu tragen, die oben erwähnten Widersprüche hervorgegangen sind. Noak richtet sich gegen die in der herbart'schen Metaphysik liegende Nöthigung zur Annahme einer Seelenmonade deßhalb, weil er in den realen Wesen und der Hypothese der zufälligen Ansichten nur den ironischen Zopf der Romantik sieht, zumal die realen Wesen bereits vor dem Scharfsinne Trendelenburgs in die Brüche gefallen seien. Ueber letzteres werde ich weiter unten reden. Will man aber doch nach einem romantischen Zopf suchen, so könnte der jedenfalls nur darin bestehen, daß man eine geheime Vorliebe für die Einheit von Geist und Natur, Denken und Sein, Ibealem und Realem — dieses Grab jeder unbefangenen

Speculation — an den Tag legt. Daß man nicht anerkennen will, wie überall das Reale nur das Einzelne, nie aber ein hypostasirter, personificirter oder auf irgend eine Weise zur Substanz erhobener Allgemeinbegriff sein kann. Daß man im Philosphiren nicht Ernst damit machen will, das Seiende und die Causalität so zu denken, daß es widerspruchslos sei und zugleich den Ansprüchen der Erfahrung genüge. Und schließlich, daß man immer von einer Erfahrung redet, die nichts ist, als das oberflächlichste, unbedachteste Betrachten der Natur, wie sie dem Ungebildeten erscheint, anstatt die Erfahrung, wie sie uns als Resultat der Naturwissenschaften geläutert und bereichert vorliegt, wirklich zu benutzen. Ob Herr Noak, trotz seiner in vieler Beziehung trefflichen Kritik der romantischen Philosophie, ganz frei von diesen Zöpfen sei, mag er sich selbst beantworten.

Wir haben gesehen, daß in der Weiterentwicklung der metaphysischen Principien der Naturphilosophie und der Psychologie Herbarts ein Widerspruch sich eingeschlichen hat, ein Widerspruch, der beide Disciplinen in Frage zu stellen scheint. Die Naturphilosophie, in der Form, wie sie vorliegt, fallen zu lassen, kostet offenbar weniger Bedenken. Mit Widersprüchen behaftet, hat sie keinen Vorzug vor der physikalischen Atomenlehre, und diese leistet mehr. Ganz anders verhält es sich aber mit der Psychologie. Die in derselben gestattete Möglichkeit der mathematischen Behandlung verleiht ihr einen weit höheren Werth und könnte sie bei größerer Aufmerksamkeit der Mathematiker bald in den Rang einer selbstständigen Disciplin der angewandten Mathematik treten. Der unbefangene Beurtheiler muß unbedingt den Worten Drobischs beistimmen: „Ein einzelnes psychologisches Phänomen in eine mathematische Formel einzukleiden, möchte mit Recht nur als ein müssiges Spiel des Witzes betrachtet werden. Ein ganzer Complex von Lehren aber, die sich gegenseitig tragen und bestätigen, muß mehr sein als ein bloß täuschender Schein; und wenn in ihm noch nicht die volle Wahrheit selbst enthalten ist, so muß doch der Fortschritt auf dieser Bahn zur Wahrheit führen." Und in der That hat dieser ausgezeichnete Mathematiker bewiesen, daß sich die Voraussetzungen der mathematischen Psychologie als eine bloß naturwissenschaftliche, der mathematischen Entwicklung fähige Hypothese betrachten läßt. Seine „Grundlehre der mathematischen Psychologie" ist schon deshalb als ein bedeutender Fortschritt zu betrachten, indem die Psychologie einstweilen von den metaphysischen Grundsätzen unabhängig gemacht ist, denen sie sich dennoch entfremdet hatte. Mit wahrer Freude muß Jeder die elegante mathematische Behandlung in der Aufstellung der Grundformeln, die Präcisirung der Grundbegriffe der Intensität, der Klarheit, der Vergleichbarkeit der Vorstellungen untereinander, der Kraft ihrer Wirkungen und Anderes mehr in dem angeführten Werke Drobischs anerkennen. Immerhin ist eine genaue Prüfung und Berichtigung der Fundamente der metaphysischen Principien der mathematischen Psychologie unerläßlich. Sollten nicht die jetzigen Mängel in denselben eine Hauptursache des sonst wenig tröstlichen Bekenntnisses von Drobisch bilden: daß er der Hoffnung entsagt habe, der Sache noch eine andere Seite abzugewinnen? In dieser Beziehung ist für die Vertreter der Herbartischen Principien noch viel zu thun übrig und diejenigen täuschen sich gewaltig, welche der Herbartischen Philosophie die innere Fruchtbarkeit und Entwickelungsfähigkeit absprechen, oder dessen Metaphysik zu nüchtern, zu künstlich und zu arm finden. Den Principien und Gesetzen der Astronomie und Mechanik kann das letztere ebenfalls vorgeworfen werden — freilich nur von Idealphilosophen!

Bei der Nachweisung des Widerspruches in der Naturphilosophie und Psychologie Herbarts, habe ich mich streng auf dem Boden seiner Metaphysik gehalten. Wenn ich nun zu dem Schluß kommen sollte, daß dieser Boden selbst noch einer genaueren Prüfung bedürfe, so könnte man mir leicht entgegnen, daß die Angriffe Trendelenburgs auf die herbartische Metaphysik Jeden andern dieser Mühe überhöbe. Trendelenburg hat wirklich den Versuch gemacht,*)

---

*) Ueber Herbarts Metaphysik und eine neue Auffassung derselben, von A. Trendelenburg. Berlin 1854. Zweiter Artikel 1856.

durch eine gründliche Widerlegung die herbartische Metaphysik zu stürzen. Er selbst behauptet, und von Andern wird es nachgesprochen, das Mißlingen derselben nachgewiesen zu haben. Diese Angriffe sind nun von der herbartischen Schule durchaus noch nicht nach Gebühr zurückgewiesen worden. Trendelenburg zeichnet sich in seiner Polemik vortheilhaft aus durch die Form, durchweg ist dieselbe höchst ruhig und maßvoll gehalten. Ein solches Auftreten gewinnt unwillkürlich den Leser, indem eine Persönlichkeit erscheint, der man weder schroff entgegentreten, noch dieselbe verletzen möchte. In einem wissenschaftlichen Streit verschwindet natürlich jede solche Rücksicht, man hat es nur mit der Sache zu thun. Wenn ich nun genöthigt bin, ein hartes Urtheil über Trendelenburg zu fällen, wenn ich in seinen „logischen Untersuchungen" auch gar nichts Brauchbares finden kann, so würde ich lieber einen solchen Streit vermeiden. Allein Trendelenburg hat durch seine Behauptung über das Mißlingen der herbartischen Metaphysik und seinen daraus gezogenen Schluß auf die Richtigkeit seiner Philosophie der Einheit und der That, eben ein solches Gegenurtheil über die letztere herausgefordert und nothwendig gemacht.

Was Trendelenburgs Einwendungen gegen die formale Logik betrifft, so beruhen dieselben zum Theil auf seiner weiterhin zu besprechenden Theorie der Bewegung; zum andern Theil jedoch, nebst letzterer, auf den sprachphilosophischen bereits von anderer Seite*) abgeurtheilten Ideen Karl Ferdinand Beckers. Hierauf will ich hier nicht näher eintreten; ich stelle diesen Einwendungen, als eine vollendete Thatsache, die vortreffliche Darstellung der Logik von Drobisch, 3te Auflage, entgegen.

In Bezug auf die Metaphysik Herbarts, will Trendelenburg drei Punkte darthun: 1. Die von Herbart in den allgemeinen Erfahrungsbegriffen bezeichneten Widersprüche, seien keine Widersprüche. 2. Wären sie dieses dennoch, so wären sie nicht gelöst, und 3. wären diese gelöst, so blieben andere und größere ungelöst. Trendelenburg behauptet nun: Herbart

---

*) Grammatik, Logik und Psychologie von Dr. H. Steinthal. Berlin 1855.

habe zwei Wege eingeschlagen, um die Widersprüche in den Erfahrungsbegriffen nachzuweisen. Einmal, indem er als das Maß des Widerspruches den Begriff des Seienden bestimme und danach die Erfahrungsbegriffe messe, inwiefern sie von dem Seienden etwas aussagten. Zweitens suche er die Widersprüche zu erkennen an den Prädicaten des Begriffes selbst, unmittelbar, und ohne erst das Sein, womit er vereinigt werden solle, herbei zu ziehen. Diese zweite Art Widersprüche aufzufinden, wird nun einfach mit Trendelenburgs Begriff der Bewegung, der etwas Ursprüngliches, vor dem Widerspruch existirendes und deshalb außer dem Bereich desselben stehendes sein soll, als eine irrige bezeichnet. Es wird also dabei vorausgesetzt, daß man mit Trendelenburg bereits über dessen Ansicht, betreffend die Bewegung, einverstanden sei! Was den ersten Weg betrifft, den Herbart eingeschlagen haben soll, bedarf einer Auseinandersetzung. Trendelenburg sagt: „Wo Widersprüche erscheinen, da treffen Bejahung und Verneinung in einem Punkte so zusammen, daß ihre Vereinigung in Gedanken unmöglich ist. Der eine Begriff weist den andern ab; der als nothwendig erkannte bleibt und treibt den andern zurück. Um Widersprüche nachzuweisen, muß also ein Begriff als solcher dargethan werden, der nicht anders sein kann und gegen jede Zumuthung anders zu sein, fest besteht. Herbart bedarf eines solchen nothwendigen Satzes als Maß des Widerspruchs, und dieser ist der Begriff des Seienden."

Zuerst enthält diese Behauptung eine Unklarheit. Wenn Bejahung und Verneinung so zusammen treffen, daß ihre Vereinigung unmöglich ist: wo ist da der Begriff, der den andern abweist? Hier erlaubt sich Trendelenburg ein unmotivirtes Ueberspringen, er verwechselt nämlich offenbar: Widersprüche unter Begriffen in einem zusammenhängenden System nachweisen, und Widersprüche in einem Begriffe finden. Wenn es als nothwendig erkannt ist, daß ein Begriff so und nicht anders gedacht werden könne, so muß er die folgenden und mit ihm zusammenhängenden Begriffe bestimmen. In dieser Weise hat allerdings Herbart die Bestimmung der absolut einfachen Qualität des Seienden benutzt, um alle Begriffe,

woburch das Seiende könne gedacht werden und welche mit
dieser Bestimmung in Widerspruch ständen, abzuweisen. In
dieser Weise habe ich oben den Widerspruch in der historischen
Erinnerung der Monaden nachgewiesen, indem dieser Begriff
mit der unveränderlichen Qualität des Seienden sich als
unverträglich gezeigt hat. Etwas ganz anderes ist es aber,
wenn ein Begriff uns vorliegt, der mit widersprechenden
Merkmalen behaftet sich erweist. Die Erfahrung verlangt, daß
der Begriff so und nicht anders solle gedacht werden und das
Denken sträubt sich, entgegengesetzte Merkmale in einen Begriff
zusammen zu fassen. Hier ist kein bereits feststehender Begriff
vorhanden, der den andern abweist, sondern nur die Unmög=
lichkeit, Merkmale, die sich wie Bejahung und Verneinung ver=
halten, in einem Punkte zu vereinigen. In dieser Weise hat
Herbart die Widersprüche in den Erfahrungsbegriffen nach=
gewiesen. Zweitens vermag ich nun nirgends in Herbarts
Schriften zu finden, daß derselbe die Widersprüche in den
Erfahrungsbegriffen mittelst der Bestimmung des Begriffs des
Seienden, als des Maßes des Widerspruchs, nachgewiesen
habe. Diese Auffassung Trendelenburgs muß deshalb als eine
irrthümliche abgewiesen werden; sie wäre ganz unbegreiflich,
wenn nicht Trendelenburg sie zu einem bestimmten Zwecke
benutzt hätte, wie wir gleich sehen werden. Drittens läßt
sie aber Trendelenburg selbst fallen. Die wichtigsten Erfah=
rungsbegriffe, in denen Herbart Widersprüche findet, sind:
das Ding mit mehreren Merkmalen, die Causalität und die
Veränderung. Nun sagt Trendelenburg selbst, der zweite Weg
wurde von Herbart eingeschlagen, um die Widersprüche in dem
Begriff der Bewegung (das Bild der Veränderung), des
Werdens (welches zur Causalität gehört), und des Ich's (ein
specieller Fall des Dings mit mehreren Merkmalen) zu finden.
Wenn also Herbart — nach Trendelenburgs eigenem Zuge=
ständniß — in den Erfahrungsbegriffen die Widersprüche ohne
Hülfe eines nothwendigen Satzes, als Maß des Widerspruchs
nachweist, so muß der ganze Angriff Trendelenburgs, mit dem
er beweisen will, daß dieses Maß des Widerspruchs falsch be=
stimmt sei, als gänzlich verfehlt wegfallen. Ich füge jetzt noch

hinzu, wie Trendelenburg den zweiten Punkt beweist. Das wirkliche Geschehen setzt den Begriff des Zusammens voraus, dieser Begriff ist ohne die Bewegung (!) nicht zu denken und somit der Widerspruch, womit diese behaftet, in der vermeintlichen Lösung der Widersprüche geblieben. Als Beweis des dritten Punktes wird der Zweck herbeigeholt, der mit der wirkenden Ursache in der Selbsterhaltung im Widerspruch sei und deshalb der Metaphysik Herbarts als ungelöster größter Widerspruch entgegenstünde. Fassen wir somit die ganze Beweisführung Trendelenburgs in seinem Angriffe zusammen, so heißt dieselbe: Wenn meine (d. h. Trendelenburgs) Theorie von der Bewegung in den logischen Untersuchungen richtig ist, woran nicht gezweifelt werden kann, so ist Herbarts Metaphysik in den ersten Grundlagen gestürzt und ein mißlungener Versuch! Denn die Bewegung ist etwas Ursprüngliches, vor dem es überhaupt Nichts, also auch nichts Festes gibt; sie steht vor dem Bereich des Princips der Identität und Contradiction und der Satz des Widerspruchs kann auf sie nicht angewandt werden, und die Widersprüche Herbarts sind keine oder kehren immer wieder, weil die Bewegung Alles bedingt. Der Schluß ist völlig richtig. Im Grunde hat aber Trendelenburg gar Nichts widerlegt, sondern einfach den Behauptungen Herbarts seine eigenen entgegengehalten.

Ich komme jetzt auf die Behauptung Trendelenburgs zurück, der Begriff des Seienden als Maß des Widerspruchs sei falsch bestimmt, — wenn schon der darauf gestützte Angriff gegen Herbart, wie wir gesehen haben, fehl gegangen ist. Der eigentliche Stein des Anstoßes für Trendelenburg ist die absolute Position und die Bestimmung der Qualität des Seienden. Hierüber hat sich Trendelenburg ausführlich verbreitet, ohne seine Theorie von der Bewegung einzumischen, und will ich deshalb darauf antworten. Trendelenburg sagt: Die absolute Position könne nicht ohne den Setzenden gedacht werden. Die Erklärung des Seienden setze das zu Erklärende, das, als der Setzende, selbst ein Seiendes sein müsse voraus und habe nur eine eigenthümliche Beziehung auf das setzende Subject. Ferner werde die absolute Position im Denken lediglich dem negativen Ausdruck der Nothwendigkeit gleich gesetzt, aus dem nichts Positives folgen könne. Dennoch folgere Herbart daraus, daß die Qualität des Seienden gänzlich positiv, ohne Einmischung von Relationen und Negationen, schlechthin einfach und der Quantität unzugänglich sei. Die absolute Position, die nur den Sinn haben solle, daß gesetzt werden müsse und daher keine Beschaffenheit von dem aussage, was gesetzt werde, sei in ein völlig Entgegengesetztes verwandelt. „Prämissen, Conclusion, Ableitung und Ergebniß stehen in völligem Mißverhältniß. Aus einer formalen Erklärung des Seienden sollen reale Prädicate folgen!" Letzteres geschieht aber in der That nur in Trendelenburgs irriger Auffassung.

Das Seiende muß offenbar durch zwei Begriffe gedacht werden, nämlich durch den Begriff des Seins und des Was. Dabei ist jedoch durchaus nicht daran zu denken, als ob wirklich nun das Seiende aus diesen beiden Begriffen zusammengesetzt sei. Das Sein ist keine Eigenschaft, es bezeichnet schlechthin nichts anderes als eine Beziehung auf das Was: wie dieses zu denken sei, nämlich als seiend. Nun ist es klar, daß es unmöglich ist zu denken: es sei Nichts. Wir müssen unbedingt anerkennen, daß Etwas ist, und zwar ohne Vorbehalt, mit ausdrücklicher Zustimmung der Unmöglichkeit, daß dieses auch nicht sein könne. Diese absolute Anerkennung wird nun die absolute Position genannt. Allerdings entsteht dieselbe durch eine doppelte Verneinung; aber die dadurch entstandene Bejahung sagt uns aus, was gar nie bezweifelt werden konnte: daß Etwas ist, unbedingt, absolut ist, und was nur durch die versuchte Verneinung, es könne auch nicht sein, und sofortige Wiederverneinung schärfer ausgesprochen und entwickelt ist. Nicht die mindeste Beziehung auf uns, als ein schon vorausgesetztes Seiende liegt darin; denn das Seiende ist, ob wir es denken oder nicht, ob wir sind oder nicht. Das Sein ist also nur ein Beziehungsbegriff: wie das Seiende gesetzt wird, nämlich seiend, und zwar absolut gesetzt wird, indem es unmöglich ist, daß es nicht seiend sein könne. Daraus folgt nun in der That nicht die mindeste Bestimmung dessen, Was gesetzt wird, oder ein reales Prädicat des

Seienden, wie Trendelenburg meint. Wohl aber entsteht die nothwendige Frage: was man denn als seiend zu denken habe? Offenbar kann man nur etwas Bestimmtes als seiend denken, denn das Sein bezieht sich nur auf Etwas, was ist, und ohne dieses ist das Sein ein ganz leerer Begriff, ohne alle Bedeutung. Nun kann aber die Forderung vernünftiger Weise nicht bestritten werden, daß wir keinen sich widersprechenden Begriff als seiend denken, daß wir die Bestimmung dessen, was ist, widerspruchslos denken sollen. Die Forderung muß heißen: Wenn wir das Seiende, d. h. das, von dem wir ausdrücklich die Unmöglichkeit einer Zurücknahme der Setzung anerkannt haben, dem die absolute Position also zukommt, denken wollen, so müssen wir es ohne Widersprüche denken. Das ist die einzige Folgerung, welche wir ziehen, und ist das vielleicht ein reales Prädicat, welches aus der absoluten Position gefolgert wird, wie Trendenlenburg meint? Ich sage nein! Wenn bereits im Seienden Widersprüche angenommen werden, so kann das unmöglich zu etwas Anderem als zu Unsinn führen; oder hören wir besser auf, vom Seienden zu reden und begnügen uns mit den Erfahrungsbegriffen, wie sie uns z. B. in dem Begriff von der Materie von der Physik überliefert werden, ohne zu fragen, ob diese Begriffe denkbar seien oder nicht. Dann brauchen wir überhaupt keine Philosophie, da wir keinen denkbaren Begriff vom Seienden, vermöge unserer dummen Natur, haben können.

Wir sehen jetzt aber auch, wie Trendelenburg die Sache gänzlich entstellt hat, wenn er behauptet, die Erklärung des Seienden sei für Herbart das Maß des Widerspruchs, der nothwendige Satz, woran er seine Erfahrungsbegriffe messe, nämlich den Begriff des Dings mit mehreren Merkmalen. Umgekehrt ist der Widerspruch in diesem Begriff auf dem von Trendelenburg als der zweite bezeichnete Weg gefunden worden. Nun stellt sich die Forderung als Folge dieses so, daß man das Seiende, d. h. die Qualität desselben, nicht durch diesen Begriff denken dürfe, in dem bereits ein Widerspruch gefunden worden. Weil es die absolute Position verletzen würde, und folglich, meint Trendelenburg, aus der absoluten

Position bennoch etwas Positives, ein reales Prädicat, gefolgert wird. Durchaus nicht, sondern weil von dem Seienden, sofern sich die Qualität als widersprechend erweisen würde, müßte gesagt werden: es sei dieses und jenes, es sei also dieses, aber auch nicht dieses, sondern jenes, und so die erste Bedingung, die vorausgesetzte Unumstößlichkeit der Setzung — allerdings die absolute Position — verletzt würde. Also nochmals: aus der absoluten Position, als einer formalen Erklärung, wie Trendelenburg will, folgt durchaus kein reales Prädicat, keine Bestimmung der Qualität, d. h. dessen, als was das Seiende muß gedacht werden, sondern nur die Forderung, das Seiende, den Begriff durch welchen das Was gedacht wird, widerspruchslos zu denken, eine Forderung, die sich schon an und für sich nicht abweisen läßt. — Daß nun die Qualität des Seienden als schlechthin einfach gedacht werden muß, versteht sich von selbst und hätte Trendelenburg, wollte er dies bestreiten, zuerst darthun müssen, daß der Begriff des Dings mit mehreren Merkmalen und des Ich's, als Identität von Subject und Object, keinen Widerspruch in sich enthalte — aber ohne Einmischung der Bewegung, von der hier ja gar nicht die Rede ist, und ohne eine Vergleichung mit dem Wasser, welches aus Sauerstoff und Wasserstoff bestände, ohne daß man darin einen Widerspruch finde! Letzterer unglückliche Vergleich ist Trendelenburg jedenfalls in einem schwachen Augenblick aus der Feder geflossen. Dasselbe, was von der einfachen Qualität, gilt auch von den Relationen und Negationen, und den Bestimmungen der Quantität.

Damit glaube ich die Angriffe Trendelenburgs auf die Metaphysik Herbarts abgewiesen zu haben, bis auf dessen entgegenstehende eigene Theorie. Trendelenburg wird nämlich antworten: es sei kein Unglück, wenn der Begriff des Seienden sich von vorn herein zu widersprechen scheine, nur der zerlegende Verstand (der Böse! der schon so viel Unheil angerichtet hat) müsse sich in Widersprüche verwickeln, die einer höhern Auffassung (intellectuelle Anschauung oder Divination) verschwänden; schließlich seien die Widersprüche doch vorhanden, schadeten aber gar Nichts, seien eben eine Beschränktheit unserer menschlichen Natur und Alles fände zuletzt im Absoluten seinen Abschluß — und seine Ruhe! Diese Antwort wäre etwa die Quintessenz der logischen Untersuchungen *) Trendelenburgs. Eine ausführliche Besprechung derselben würde uns zu weit führen, nur einige Blicke wollen wir hineinwerfen.

„Nur in dem Begriff des Ganzen beruhigt sich die rastlose Bewegung des Geistes. Die unbedingte Einheit ist in dem Vorgange des Erkennens die stillschweigende Voraussetzung. Dies Unbedingte, das die Einheit des Ganzen trägt, nennt die philosophische Abstraction das Absolute, der lebendige Glaube nennt es Gott. In dem Absoluten allein befestigt sich das Relative, in dem Unbedingten gewinnt das Bedingte Halt und Bedeutung, in Gott die Schöpfung Einheit und Ende. — Das Unbedingte ist ein positiver Begriff; nirgends gegeben, denn das Gegebene ist das Beschränkte, ist der Begriff die höchste Divination des Geistes — — —. Eigentlich gibt es keinen Beweis vom Dasein Gottes, aber: Alles Denken wäre ein Spiel des Zufalls oder eine Kühnheit der Verzweiflung, wenn nicht Gott, die Wahrheit, dem Denken und den Dingen als gemeinsamer Ursprung und als gemeinsames Band zum Grunde läge. Ohne dies wäre das Recht des Denkens Vermessenheit. — Aus dem erkennenden Denken, wenn es sich selbst nicht widersprechen soll, folgt der Glaube an eine intelligible Weltordnung, an die Welt als Materiale des Gedankens." — Man kann Einem nicht wohl zumuthen, über Glaubenssätze zu disputiren und Trendelenburg schließt mit formulirten Glaubensartikeln ab, die bereits die stillschweigende Voraussetzung seiner ganzen Philosophie bildeten! Voranstehende Anführungen habe ich dem 12. Kapitel, also ziemlich dem Ende der logischen Untersuchungen, entnommen. Nun könnte es scheinen, als sei dies eben nur der Abschluß und sei das übrige von Trendelenburgs Philosophie unabhängig davon. Zunächst beweist jedoch das Geständniß, daß die unbedingte Einheit die stillschweigende Voraussetzung in dem

---

*) Logische Untersuchungen, von A. Trendelenburg. 2. Auflage. Leipzig 1862.

Vorgange des Erkennens sei, das Gegentheil. Ferner wird man beim Lesen der logischen Untersuchungen überall unbestimmte Voraussetzungen finden, die alle darauf hindeuten, daß Etwas fehle, eine Begründung, eine Beziehung — und Alles das findet sich im 12. Kapitel, zum Theil schon im 9., welches vom Zweck handelt. Dieser setzt aber wiederum das Absolute voraus.

Es ist überhaupt bezeichnend bei Trendelenburg, daß überall das Frühere das Spätere voraussetzt, wie in seiner Theorie, so in der Darstellung. Betrachten wir jetzt den Anfang derselben. „Es ist das Eigenthümliche philosophischer Betrachtungsweise, aus dem Ganzen das Einzelne zu erkennen, und es wird dabei stillschweigend vorausgesetzt, daß das Ganze aus einem Gedanken stamme, der die Theile bestimmt." Es ist das Eigenthümliche einer unrichtigen Theorie und einer schwachen Darstellung, die letztere mit Behauptungen zu beginnen, welche die Richtigkeit der ganzen Lehre bereits voraussetzen und an jedem Punkt so das Ganze zu vermengen, daß kein einziger einzeln der Prüfung zugänglich ist. In dem angeführten Satz ist bereits Gott, von dem der Gedanke stammt, der Zweck, als der vorausbestimmende Gedanke, die Ansicht, daß das Ganze, die unbedingte Einheit, den Theilen voranginge und so die ganze Lehre Trendelenburgs enthalten, und ist schon deshalb nur auf dessen, aber keineswegs auf jede philosophische Betrachtungsweise anwendbar. — Ferner: „Es bleibt immer der Trieb alles menschlichen Erkennens darauf gerichtet, das Wunder der göttlichen Schöpfung durch ein nachschaffendes Denken zu lösen." Eine zweite Behauptung, die nicht auf das menschliche Erkennen, sondern nur auf Trendelenburgs Ansicht von demselben paßt. Zwar will Trendelenburg von einzelnen Untersuchungen ausgehen, da er aber nicht anders kann, als das Ganze bereits vorauszusetzen, so verwirrt dies die Darstellung noch mehr, trotz aller scheinbaren Ordnung. Es ist weiter eine Eigenthümlichkeit seiner logischen Untersuchungen, daß nirgends ein Begriff klar und deutlich entwickelt und festgehalten, nirgends, wo eine Untersuchung angehoben, genau bestimmt wird, wovon man ausgehen soll.

Ueberall begnügt man sich mit einer unbestimmten Vorstellung, die man bereits habe (z. B. vom Denken und Sein) und dahinter steckt immer die Hinweisung aufs Ganze, auf den Zweck, aufs Absolute. Statt einer logisch strengen Deduction, dient ein Polemisiren nach allen Seiten, dessen Ergebniß immer ein unbestimmtes Sehnen ist, endlich einmal etwas Festes zu erreichen. So heißt es: „wo das Einzelne scharf beobachtet wird, offenbart es an sich die Züge des Allgemeinen." Natürlich, wenn man letzteres schon kennt; wer den Begriff des Insektes hat, wird ihn im Käfer finden. — „Erst im Gegensatz gegen die besonderen Wissenschaften entsteht das Bewußtsein einer allgemeinen, welche wir Pilosophie nennen." Da wäre jetzt Aussicht vorhanden zu einer Bestimmung dessen, was Philosophie ist, denn es heißt weiter „die Wissenschaften sähen es ein, daß sie blinde Voraussetzungen in sich trügen, unbesehene Grundbegriffe, aufgenommene Principien, unerörterte Ursprünge." Ob die Wissenschaften das wirklich einsehen, ist sehr zu bezweifeln; aber gesetzt, wir sähen es ein, und sähen ferner ein, daß diese Grundbegriffe also zu einer allgemeinen Wissenschaft, zur Pilosophie, führen müßten, so ergäbe sich sofort die richtige und einfache Definition, Philosophie sei die Bearbeitung der Begriffe. Aber das will Trendelenburg durchaus nicht, das wäre auch viel zu einfach. Da muß noch allerlei hineingemengt werden, namentlich die schon angeführten Voraussetzungen und Liebhabereien —: „sie wecken in jedem höher gestimmten Geiste das Bedürfniß einer Belebung, welche nur aus der Ergänzung des Besondern durch das Allgemeine fließen kann. So entspringt die Philosophie, welche, wenn anders die Idee auf den bestimmenden Gedanken des Ganzen in den Theilen und des Allgemeinen in dem Besonderen geht — Wissenschaft der Idee heißen mag." Da haben wir wieder Alles zusammen. Nehmen wir noch hinzu, was eigentlich unter Begriff zu verstehen sei. „Der Begriff ist die substantielle Form eines geistigen Inhalts. Wir nehmen den Begriff für die allgemeine Auffassung der Substanz. Wenn der Begriff den Zweck enthält, so entwirft er danach die Mittel und gestaltet die Wirklichkeit. Er ist dann das schöpferisch Allgemeine,

Im Begriff wird die geistige Macht des Daseins zusammengedrängt!" Diese schön klingenden Worte zeigen die Grundschwäche Trendelenburgs aufs deutlichste: wenn von Einem geredet wird, Alles mit hineinzuziehen. „Logische Untersuchungen!" Das erste Erforderniß einer Untersuchung ist auseinanderzuhalten, damit man sehen und unterscheiden kann. In gewissen Philosophieen liebt man es aber, Alles in ein unauflösliches Gemisch zu kneten, wo dann Alles oder Nichts herauszubringen ist. Der böse Verstand, der Alles zerlegt, ist freilich schon abgewiesen!

Weiter bezeichnet Trendelenburg als Aufgabe der Philosophie, zunächst ein Princip zu suchen, das als eine Grundthätigkeit des lebendigen Denkens unmittelbar in die Anschauung führe. — Lebendiges Denken! Gibt es vielleicht ein todtes Denken? — Wenn es nun gar kein solches Princip gibt, und woher wissen wir schon im Anfang, daß es ein solches geben müsse: so machen wir natürlich eins. „Die Thatsache der Wissenschaften ist die Basis des logischen Problems und die Wissenschaft fragt, wie ist die Erkenntniß möglich? Wenn die Logik den Vorgang des Erkennens etwa so begreifen soll, wie die Physiologie den Vorgang des Sehens, so setzt dies eine Vorstellung des Erkennens voraus, wie auf gleiche Weise ohne Vorstellung des Sehens, die Aufgabe, das Sehen zu begreifen, nicht entstehen kann. Ja, wie das Sehen nur durch das Sehen begriffen wird, so das Denken nur durch das Denken." Wenn ich nicht sehen kann, so kann es mir nicht in den Sinn kommen, das Sehen begreifen zu wollen; was soll das nun heißen, das Sehen wird nur durch das Sehen begriffen? Entweder es heißt gar Nichts, als was sich von selbst versteht; oder soll es etwa den tiefen Sinn haben, daß man ohne zu sehen die Anatomie des Auges nicht untersuchen könne, folglich zum Begreifen des Sehens das Sehen wiederum nöthig habe? Sätze, die nichts sagen, oder hinter scheinbar tiefen Sinn verrathenden Worten Plattheiten enthalten, sind Phrasen und weiter Nichts. Noch schlimmer aber, wenn sie dann zu Erschleichungen benutzt werden. „Der Gedanke findet sich in den Gründen des Sehens nur durch das Sehen selbst zurecht. In einer höheren Weise wird auch das Erkennen alle seine Elemente voraussetzen, wenn es sich in sich selbst zurecht finden soll." Welche Elemente? Wir kennen bis jetzt noch keine. Welche Vorstellung vom Erkennen soll man denn mitbringen? Einerlei, welche? Demokrit hatte auch eine Vorstellung vom Sehen, daß nämlich εἴδωλα in der Luft herumflatterten und vom Auge aufgenommen würden. Konnte diese Vorstellung zu einer richtigen Einsicht in den Vorgang des Sehens führen? Wenn wir freilich schon wissen, daß die Lichtstrahlen ein Bild des Gegenstandes auf der Netzhaut entwerfen, so können wir mit einer solchen Vorstellung schon eher anfangen zu untersuchen. Aber für eine Theorie des Erkennens, welche Vorstellung ist die richtige, welches sind die vorauszusetzenden Elemente? Natürlich hat Trendelenburg schon Alles in Bereitschaft. Wüßten wir aber in der That noch Nichts, so wäre es die erdenklich leichtfertigste Weise, eine der schwierigsten Untersuchungen damit anzufangen, daß man eine beliebige Vorstellung mitbringt und nun zusieht, wie Alles paßt.

Die Sache kommt noch besser. „Erkennen heißt immer ein Seiendes erkennen." Ist die Einsicht, die wir der Physik verdanken, daß die Erscheinungen des Lichtes auf der Undulation des Aethers beruhen, keine Erkenntniß? Ist die Undulation der Moleküle ein Seiendes? „Wenn wir das Denken erkennen wollen, so wird dies gedachte Denken als ein Seiendes für sich abgelöst — im Erkennen tritt also ein Gegensatz des Denkens und Seins!" Fürwahr, ein künstlich gemachter Gegensatz für blöde Augen. Erst ein Seiendes erkennen, was an sich unmöglich ist und dann ist das Denken gar ein Seiendes! Freilich haben wir jetzt die Voraussetzungen und Elemente und nun im Wirbel unbesehener Begriffe, willkürlich ersonnener Verhältnisse, Verwechslungen aller Art, wird Denken und Sein, Alles von der Bewegung verschlungen. Was kann man noch thun, wenn Denken, als gedachtes Denken ein Seiendes ist und weil in das Erkennen, das Denken des Denkens, das Seiende hineinkommt, nun Denken und Sein als Gegensatz eben das Räthsel des Erkennens bilden soll?

viel voraussetzen! Denn sofort heißt es: „wenn nun Denken und Sein den Gegensatz bildet — so ist es im Anfang unzulässig, eine Erklärung des Denkens und Seins zu fordern. Wir müssen eine Vorstellung desselben voraussetzen. Ohne eine solche würde es gar nicht zur Frage kommen können, wie das Erkennen möglich sei." Ohne Sehen sehe ich Nichts, ohne Denken denke ich Nichts und wenn Nichts ist, so wird auch das Sein Niemanden bemühen nach ihm zu fragen. Und wenn ich Vorstellungen von Alledem habe, die richtig sind, so brauche ich nicht weiter zu untersuchen, und wenn sie falsch sind, so kann aus falschen Vorstellungen und Voraussetzungen, wenn sie nicht geprüft werden und berichtigt, niemals ein vernünftiges Resultat sich ergeben. Wenn man im Anfange von diesen Begriffen nur irgend eine Definition gäbe, eine brauchbare Namenerklärung, damit man doch wisse, als was man sie zu nehmen habe und nicht einen Vorgang oder eine Thätigkeit ein Seiendes, oder ein Seiendes eine Thätigkeit nennen könnte — so hätte man bestimmte Begriffe zu einem bestimmten Anfang und das darf nicht sein, denn das Seiende gibts nicht und das Feste wird erst durch die Bewegung und der Anfang erst durch den Schluß. Das ist Trendelenburgs Logik. Wegen des Gegensatzes von Denken und Sein wird das diesen Gemeinsame gesucht und das ist die Bewegung. Diese ist die gesuchte gemeinsame Thätigkeit, weil sie in allen vorhanden und jeder Thätigkeit zu Grunde liegt, weil sie die letzte ist, die aus keiner andern stammt und nur aus sich erkannt wird und weil sie eine einfache Thätigkeit ist, die sich nur erzeugen, nicht zerlegen läßt! Was eine Thätigkeit mit dem Sein zu thun hat, vermögen wir nicht einzusehen, aber nach Einsicht darf man überhaupt in den logischen Untersuchungen nicht fragen und dann ist das ja schon in den Vorstellungen und Voraussetzungen Trendelenburgs enthalten. Daß eine Bewegung an sich, ohne Etwas, das sich bewegt, ein Unding eine leere Abstraction ist, wird sich bei der Betrachtung der Materie aus Trendelenburgs eigenen Worten ergeben.

Im 6. Kapitel heißt es: „Was für eigenthümliche Qualitäten der Sinne gilt, löst sich also in etwas Gemeinsames auf und geht in die Bewegung zurück. Wir freuen uns indessen kaum dieser beherrschenden Einheit, so erblickt man von Neuem ein starres Residuum. Im Licht, in der Wärme undulirt der Aether, es bewegt sich Etwas; man setzt ein Seiendes und läßt es in den Wellen tanzen. Zwar thut sich dies Seiende nur durch jene Energieen kund, die sich als Bewegung darstellen — aber die Vorstellung begnügt sich nicht mit der Bewegung allein, sie fordert ein Substrat der Thätigkeiten, einen Träger der Eigenschaften. Als dieses Substrat wird die Materie bezeichnet."

Hier erkennt also Trendelenburg selbst etwas Festes an, was sich nicht der Bewegung unterordnet, sondern woran die Bewegung erscheint; erkennt er weiter an, daß eben dieses Beharrende in der Vorstellung des Seienden liege, wozu die Bewegung erst hinzukomme als etwas ihm gleichgültiges, indem es für das Seiende einerlei und zufällig ist, daß es unsere Sinne in der Erscheinung afficirt. Damit hätte Trendelenburg seine Untersuchung des Begriffs des Seins und der Bewegung beginnen müssen und diese Unterlassung ist eine der größten Erschleichungen Trendelenburgs. Denn jetzt, nachdem die Bewegung bereits Raum, Zeit und Gegenstände a priori geschaffen hat, wird sie wohl hinlänglich erstarkt sein, um auch mit der Materie fertig zu werden. Zwar wird sie dies dennoch nicht, sondern läßt dieselbe einfach als dunkeln Punkt liegen, der deutlichste Beweis von Schwäche der logischen Untersuchungen. Trendelenburg sagt: „Wir müssen das Unvermögen bekennen, aus der Bewegung allein die Materie zu begreifen. Es bleibt hier eine Lücke in der Ableitung, in welche sich Etwas in der Erfahrung Gegebenes einschiebt. — Mit dem Residuum eines Substrats, mit einem Seienden, das erst in Bewegung gesetzt wird, wäre der Raum vor die Bewegung gestellt" — wie es auch wirklich der Fall ist, aber; „— während wir umgekehrt erst aus der Bewegung den Raum werden sehen", nämlich mit Hülfe der Vorstellungen und Voraussetzungen, wie sie hiezu müssen zugeschnitten werden. „Wir sind hier mit der Vorstellung in einen Zauberkreis gebannt. Wir suchen die Entstehung des Substrats und finden Bewegung." Warum sprengt nicht Trendelenburg diesen Kreis durch verbesserte Erörterung seiner Begriffe und eine richtige Auffassung des Gegebenen? — „Um die Bewegung zu fassen, muß sich Etwas bewegen und wir setzen wieder ein Substrat. Mag der Begriff diesen Widerspruch zerlegen und dadurch lösen wollen —" Also gibt es doch in den Erfahrungsbegriffen Widersprüche! — „er kehrt noch im letzten Moment wieder und die Anschauung ist von vorn herein mächtiger als das Bedenken des Verstandes. Wir begnügen uns zunächst mit dem allgemeinen Ergebniß, daß das Wesen der Materie, soweit es sich dem Geiste aufschließt, nur durch die Bewegung zugänglich ist."

Die Erklärung der Materie bleibt also für Trendelenburg ein Problem. Warum erlahmt hier die Speculation so vollständig? Weil Trendelenburg sehr wohl weiß, daß jede Untersuchung des Seienden der Todesstoß für seine Theorie der Bewegung ist. Nur Vorurtheile, falsche Prämissen und Verwicklung in leere Begriffe konnten so blenden, daß Trendelenburg sein eigenes besseres Wissen unterdrückt, denn er sagt deutlich genug: „Schon in der Bewegung erschien ein Widerspruch für den zerlegenden Verstand, hier von Neuem in der Materie, und doch ist nur durch ihn Leben." Natürlich wird nun der zerlegende Verstand mit Machtsprüchen zur Ruhe verwiesen; aber er beruhigt sich nicht, er ist das böse Gewissen in den logischen Untersuchungen. Die Anschauung ist stärker als die Bedenken des Verstandes, meint Trendelenburg! Also das ist das Ende der gründlichen, scharfsinnigen Untersuchungen, daß wir uns bei der Anschauung begnügen sollen und das Denken, als nutzlos oder gar schädlich, bei Seite setzen. Ein großes Resultat! Aber selbst die Anschauung protestirt gegen Trendelenburg, denn sie bezeugt, daß Bewegung nur in Raum und Zeit wahrgenommen werde und nur an Dingen, die sich bewegen. Deshalb müssen auch in diese erst falsche, vorgefaßte Vorstellungen hineingelegt werden, damit sie brauchbar werde, das Nachfolgende in ein glänzendes Licht zu stellen.

Trendelenburg verwahrt sich gegen den Vorwurf, ein Empiriker zu sein. Insofern er nun seinen Hauptbegriff der Bewegung nur aus der Anschauung zu entnehmen behauptet, ohne sich um die darin liegenden Widersprüche zu kümmern, ist dieses in der That sehr empirisch, aber nur empirisch vom Standpunkt des ungebildeten Verstandes. Sofern aber Trendelenburg vielmehr die der Anschauung entnommenen Begriffe, als Ursprüngliches, aus dem Absoluten ableitet, nimmt er Theil an allen Irrthümern der spinozistischen Philosophie.

Jetzt dürfen wir wohl auch nach dem Schluß der Theorie Trendelenburgs fragen, nach dem Zweck! Hier nehmen wir wieder dessen Angriffe gegen Herbarts Metaphysik auf. Trendelenburg sagt, wenn Herbart die Widersprüche in den behandelten Erfahrungsbegriffen gelöst hätte, so blieben noch größere ungelöst, nämlich die Widersprüche in dem Begriffe des Zwecks. Letzteres ist richtig. Der Zweck, als Ursache, daß etwas so oder so wird, leidet an den Widersprüchen der Causalität. Härter sind dieselben noch, indem das Zukünftige die Ursache des vorhergehenden, „das künftige Ganze zur Bestimmung der werdenden Theile genommen wird." Nun wird Herbart vorgeworfen, diese Widersprüche weder gelöst, noch irgendwie mit diesem wichtigen Begriff abgerechnet zu haben. Herbarts zerstreute teleologische Betrachtungen müßten als Inconsequenzen angesehen werden; die versuchte Erklärung des Weltursprungs aus dem zufälligen Zusammen der realen Wesen mache eine Religionsphilosophie unmöglich; die teleologische Weltansicht für eine ästhetisch religiöse zu erklären, helfe Nichts, denn nur als ontologisches Princip sei die Zweckbetrachtung in Wahrheit ein religiöses. Die Erfahrung sei nicht begreiflich geworden, so lange der Zweck sich nicht mit den übrigen Begriffen ausgeglichen habe.

Ob die herbartische Erklärung des Weltursprungs eine Religionsphilosophie möglich macht oder nicht, mögen Andere entscheiden: für die Metaphysik ist das ganz gleichgültig, denn da handelt es sich nur darum, ob die Erfahrungsbegriffe richtig abgeleitet und denkbar, die Erfahrung begreiflich geworden sei. Ob die Zweckbetrachtung als ästhetisch religiöse Ansicht etwas hilft oder nicht: ein ontologisches Princip ist sie nicht, und dafür kann wiederum die Metaphysik Nichts, ist kein Vorwurf für sie. Daß demnach die teleologischen Betrachtungen Herbarts — die für dessen Metaphysik übrigens gar keine Bedeutung haben — Inconsequenzen seien, will ich zugeben. Für die herbartische Metaphysik gibt es keinen Zweck, und für diese so wenig wie für die exacten Naturwissenschaften und jede andere Metaphysik, welche von der Erfahrung ausgehen und dieselbe begreiflich machen will. Denn es ist nicht wahr, daß die Erfahrung ohne Ausgleichung mit dem Zweckbegriff nicht begreiflich sei, außer sofern sie den Zweck, wenn von ihm geredet wird, verneinen muß. Denn gerade der Zweck ist es, der die Erfahrung unbegreiflich macht und an die Stelle des begreiflichen gesetzmäßigen Werdens und Geschehens ein übernatürliches und unbegreifliches Wunder und eine Schöpfung setzt. Der Zweck ist kein Erfahrungsbegriff, denn er dient nirgends zum nothwendigen Erkennen, und ist uns durchaus nicht gegeben, wie der Begriff der Materie oder der Causalität. Trendelenburg gibt selbst zu, daß er keine allgemeine und allenthalben wiederkehrende Form der Erfahrung sei, aber wo er sich finde, sei er so bedeutend, daß er die übrigen Begriffe nach sich ziehe und tief in die Gestaltung des Realen eingreife. Abgesehen davon, daß sich das Reale nicht gestalten läßt, weshalb es ja auch von Trendelenburg, wie wir gesehen haben, mit aller Macht als ein Seiendes, Festes, Beharrendes muß geläugnet werden, ist letzteres nicht wahr. Wo findet sich der Begriff des Zwecks? Trendelenburg findet ihn zunächst bei der Betrachtung des Organischen, z. B. der Sinnesorgane. Daß der Mensch so zu sehen im Stande ist, wie er wirklich sieht, ist die Folge davon, daß das Auge so organisirt ist, wie es eben ist. Nun ist es nach Trendelenburg unbegreiflich, wie das Auge so hätte gebaut werden können, wenn es nicht den Zweck hätte, daß der Mensch damit eben so sehen sollte. Ist nun die Betrachtung, wie das Auge mußte geschaffen sein, damit der Mensch sehen könnte, wie zweckmäßig also dasselbe sei, eine nothwendige? Dient sie zur Erklärung des Sehens? Wissen wir mehr oder Bestimmteres, wenn wir den Zweck dabei hervorheben? Ist die Betrachtung überhaupt eine fruchtbare? Gewiß nicht! Wohl aber ist die andere Frage, wie das Sehen, die Folge der Construction des Auges, zu Stande komme, also die Frage nach der Erklärung der Thatsache des Sehens, nothwendig, wenn wir das Auge untersuchen und die Funktionen der Theile desselben aus der anatomischen Beschaffenheit erklären wollen. Als Folge dieser Frage sehen wir dann ein, wie das Sehen nothwendig nach der Beschaffenheit des Auges so zu Stande kommen muß, wie es der Fall ist. Ueberall fragt man in den Naturwissenschaften nach den Bedingungen, unter denen etwas zu Stande kommt, nach den Ursachen, die eine Wirkung hervorgebracht, und diese Fragen haben den ungeheuren Fortschritt derselben bedingt. Dieses Verfahren hat uns Erkenntniß gebracht in die Erscheinungen, in die Vorgänge der Natur. Und die Zweckbetrachtung, was hat sie geleistet? Aus den Naturwissenschaften hat man sie als unfruchtbar, als schädlich verbannt. Das ganze vorliegende Material derselben ist ein Protest gegen die Zweckbetrachtung. Ueberall weicht der Zweck zurück, wo durch die Wissenschaft eine Erkenntniß gewonnen ist, wo durch dieselbe die ausreichenden Gründe einer Erscheinung in dem Gegebenen können aufgezeigt werden. Nur da siedelt sich der Zweck noch an, wo eine Lücke vorhanden, als asylum ignorantiae. Also doch eine Lücke? Niemand wird behaupten, daß die Naturwissenschaften Alles erklärt hätten, aber Nichts kann sie veranlassen, Betrachtungen anzustellen oder zulässig zu erklären, die ihrem bis jetzt mit Vortheil betretenen Wege direkt widersprechen und sich als gänzlich unfruchtbar bewiesen haben. Will die Philosophie sich aber in dieser Beziehung den Naturwissenschaften entgegensetzen?

Der Zweck stellt, wie schon oben bemerkt, das was werden soll, das Bewirkte, als Ursache von dem hin, von dem es hervorgebracht wird. Wie ist das denkbar? Offenbar nur so, daß der Begriff dessen, was werden soll, eine wirkliche Macht ist, der Gedanke eines thätigen Wesens, das die Ursachen bestimmt. Und hier ist zu bemerken: Das Forschen nach den wirkenden Ursachen führt zur Erkenntniß, zum Wissen; das Suchen nach dem Zweck führt zum Glauben. Beides hat seine Berechtigung. Ich streite nicht gegen den Glauben, aber man soll ihn nicht mit dem Wissen in Collision bringen und das Wissen durch ihn beeinträchtigen wollen. Letzteres streitet mit Gründen, der Glaube hat keine Beweismittel als das religiöse Bedürfniß dessen, der glaubt und es ist ein schlechter Dienst, den man dem Glauben erweist, die höchsten Gegenstände desselben in den Kreis des Gewußten und der Gründe hineinziehen zu wollen. So muß die Zweckbetrachtung, als eine ästhetisch religiöse, von der Metaphysik, von den Wissenschaften, weggewiesen werden. Wohin man kommt, welche unheilbare Begriffsverwirrung die Folge davon ist, wenn im Bereich des Wissens der Zweck als eine bestimmende Macht hingestellt wird, beweisen diese logischen Untersuchungen. Damit der Zweck wirken könne, muß das Ganze den Theilen vorangehen; *) damit das Ganze sich darstellen lasse, sich dieser geistigen Macht füge, darf nichts Festes, Seiendes sein und das Mittel eine Thätigkeit: die Bewegung. Um dieses zu beweisen, muß die Anschauung verfälscht, der Verstand beseitigt, die Widersprüche für keine Widersprüche erklärt werden, die Prämissen bereits Alles, die ganze Lehre in sich tragen, wie wir gesehen. Nicht in einen „Zauberkreis" werden wir gebannt, wohl aber in einen Kreis von unbesehenen Begriffen, von denen keiner steht und jeder vom nachfolgenden gestützt und bewiesen wird. Zuletzt kommt das Absolute. In diesem schlafen alle Widersprüche ruhig bei einander, die Einheit der That, der Ursprung von Denken und Sein, der bestimmende Gedanke und die unendliche causa sui! Ob eine Philosophie im Absoluten endet oder damit beginnt, ob man dasselbe wie Schelling, Spinoza oder Trendelenburg faßt oder noch anders ist im Grunde einerlei, es beweist dieser Sprung der Ver-

---

*) Trendelenburg citirt den Ausspruch des Aristoteles, daß von Natur der Staat früher als die Familie und jeder Einzelne von uns sei. „Denn das Ganze muß nothwendig früher sein als der Theil." Diese große Unwahrheit mag man aus vielen Gründen dem alten Aristoteles zu gute halten. Heut zu Tage bezeichnet sie eine unheilbare, gänzlich verkehrte Anschauungsweise!

zweiflung immer die unrichtig aufgefaßte Erfahrung und die Schwäche der Speculation. Und so gehören die logischen Untersuchungen völlig in die Klasse der philosophischen Systeme, welche die Köpfe verwirrt, die Begriffe in Unordnung gebracht und wahre Erkenntniß verhindert haben.

Aus dieser Besprechung der Philosophie Trendelenburgs wird sich wohl ergeben haben, daß dessen Angriffe auf die herbartische Metaphysik gänzlich erfolglos sind und seine Weise zu philosophiren nie und nimmer zu einem Resultat führen kann. Ferner möchte klar geworden sein, daß zwei Hauptfehler den Erfolg einer philosophischen Theorie von vornherein unmöglich machen, Einmal die mangelhafte und unrichtige Auffassung des Gegebenen nebst der Nichtberücksichtigung der Widersprüche. Und zweitens die Nichtbeachtung der Naturwissenschaften. Fechner *) sagt ganz richtig: „Läßt sich durch Rücksicht auf einen Zusammenhang unbestritten feststehender Thatsachen zeigen, daß der Atomismus selbst feststeht, so ist eben damit bewiesen, daß die philosophischen Grundlagen, mit denen er nicht bestehen kann, selbst nicht bestehen können und alle jene philosophische Betrachtungsweisen, die ihn einstimmig verurtheilen, sich hiemit selbst verurtheilen." Jede Philosophie muß die Atomistik als eine wissenschaftlich berechtigte Theorie anerkennen und nicht mit willkürlichen Begriffen, wie der Zweck, wohl aber mit dieser mathematisch ausgearbeiteten Weltanschauung abrechnen. Auf welche Weise dies jedoch die Philosophen thun, bezeichnet ebenfalls Fechner. „Die Undulationstheorie ist bis jetzt von den Philosophen nicht weiter berücksichtigt worden, als daß, kann er sie nicht mehr besiegen oder beseitigen, er vorbeigeht, mit einem höflichen Wort oder nach Umständen mit einem schiefen Seitenblick sich mit ihr abfindet und dann weiter vom Licht redet, als wäre sie nicht vorhanden. Der Philosoph kommt zwar hoch in Worten, doch gar nicht in der Sache bei seiner Naturbetrachtung über die gemeine Sinnesauffassung und Meinung hinaus." Das ist

---

*) Ueber die physikalische und philosophische Atomenlehre von G. Th. Fechner. Leipzig 1855.

vollkommen richtig. Aus Trendelenburgs logischen Untersuchungen hätte ich noch viele Belege dafür beibringen können, wenn es nicht zu weit abgeführt hätte. Die physikalische Atomenlehre ist der wahre Prüfstein einer jeden Metaphysik, weil ihr ebenbürtiger Rivale. Dies trifft auch die herbartische; jedoch nimmt diese eine andere Stellung ein, wie oben gesagt, als die andern Philosophieen. Herbarts Metaphysik hat allein den Versuch gemacht der Forderung zu genügen: die Erfahrungsbegriffe widerspruchslos zu denken. Eine Forderung, die auch der Physiker anerkennt, nur behauptet dieser, seine Begriffe enthielten keine Widersprüche. Trendelenburg will gegen Herbart dasselbe beweisen. Dann wäre aber jede Philosophie das überflüssigste und thörichteste von der Welt. Denn eine Ornamentik mit Redensarten vom Idealen, Absoluten, Einheit des Alls und anderem könnte sich Jeder nach seinem Geschmack selbst machen. Je mehr Phantasie dabei aufgewendet würde, desto besser.

Allein die Begriffe sollen nicht nur widerspruchslos gedacht werden, an der Erfahrung soll sich zuletzt auch die Metaphysik bestätigen. Was die herbartische Metaphysik betrifft, so habe ich oben nachgewiesen, daß weder dessen Naturphilosophie noch Psychologie ohne Widerspruch aus ersterer könne abgeleitet werden. Daraus ergibt sich nun ganz scharf die Aufgabe, welche denjenigen, die die herbartischen Principien anerkennen, zu bearbeiten obliegt. Liegt in dem von mir als historische Erinnerung der Monaden bezeichneten Verhältniß kein Widerspruch mit den Principien der Metaphysik, so bearbeite man die Naturphilosophie und Psychologie weiter. Die Thatsache, daß Herbarts Naturphilosophie und Psychologie noch keine bedeutende Erweiterung erfahren haben, sprechen für meine Behauptung. Ist die letztere richtig, so muß die Grundlage der herbartischen Metaphysik aufs Neue untersucht werden. Denn diese ist ein in sich abgeschlossenes, keine Zusätze oder Veränderungen ertragendes speculatives Meisterstück. Auch die Voraussetzung derselben, daß die Erfahrungsbegriffe, wie sie Herbart gefaßt hat, Widersprüche enthalten, kann nicht angegriffen werden. Und ursprünglich gegeben sind sie ebenfalls. Nur eine Frage steht uns noch offen. Haben denn die Naturwissenschaften, trotz der durch sie erzielten außerordentlichen Bereicherung unseres Wissens, gar keinen Einfluß gehabt auf die Begriffe, durch welche wir die Materie, die Causalität, die Veränderung, das Werden denken? Müssen wir noch heut zu Tage auf die seit 2000 Jahren im Schwunge gehenden philosophischen Irrthümer Rücksicht nehmen? Müssen wir nicht unsere Untersuchung der Erfahrungsbegriffe wirklich von dem Standpunkt der jetzigen Wissenschaften aus beginnen, anstatt nur vom Boden einer Erfahrung zu reden, die eben nur eine gemeine Erfahrung der Sinnesauffassung ist? An der Hand der exacten Naturwissenschaften müssen die sogenannten Erfahrungsbegriffe geprüft werden. Wenn sich dann ein Rest ergibt, dessen Widersprüche in der That nicht durch das Experiment und die Rechnung sich wegschaffen lassen, dann und nur dann können wir sagen: das sei die einzig mögliche Grundlage einer Philosophie vom Standpunkt der heutigen Wissenschaft.